CABINET V^{an} DER HELLE

ESTAMPES

PORTRAITS

ŒUVRE DE NANTEUIL

DESSINS

VENTE

30 Novembre, 1er et 2 Décembre 1868

EXPOSITION PUBLIQUE

Le Dimanche 29 Novembre 1868

Me DELBERGUE-CORMONT
Commissaire-Priseur.

M. VIGNÈRES
M^d d'Estampes.

PARIS — 1868

(263e)

VIGNÈRES

Rue de la Monnaie, 13, à l'entresol,

ENTRÉE RUE BAILLET, 1.

ESTAMPES ANCIENNES & MODERNES

Éditeur des Eaux-Fortes, Paysages et Plantes

DE M. EUG. BLERY,

Collection de plus de 50,000 Portraits différents

ANCIENS ET MODERNES

Classés comme suit et par ordre alphabétique :

ECRIVAINS. Littérateurs, Poëtes, Géographes, Mathématiciens.
ARTISTES. Peintres, Sculpteurs, Architectes, Graveurs.
MUSICIENS. Compositeurs et Exécutants.
ACTEURS et ACTRICES de toutes époques et de tous pays.
MÉDECINS. Botanistes, Chirurgiens, Minéralogistes, Naturalistes.
ECCLÉSIASTIQUES. Religieux, Catholiques, Réformés, Juifs.
CARDINAUX. — PAPES. — SAINTS et SAINTES.
DIVERSES CÉLÉBRITÉS. Chanceliers, Juges, Militaires, etc., etc.
RÉVOLUTIONS et EMPIRE. Députés et Généraux.
FEMMES CÉLÈBRES en tous genres.
CONDAMNÉS pour crimes, vols; Scélérats divers.
ORIENTAUX. Doges, Perses, Turcs, etc.
POLONAIS. Hongrois, Russes, etc.
ANTIQUES. Personnages célèbres de l'Antiquité (Grecs et Romains).
ROIS ÉTRANGERS et MAISONS PRINCIÈRES françaises et étrangères.
ROIS DE FRANCE classés chronologiquement.
COLLECTION classée par ordre alphabétique de Graveurs anciens
    et modernes.
PORTRAITS en BISTRE. Collection de portraits inédits ou rares
    reproduits nouvellement par la gravure.

Plus de 1,200 Portraits différents de la Galerie de Versailles,

Très-convenables pour les illustrations
et pour joindre avec les AUTOGRAPHES étant tirés à part, in-4°.

Le Catalogue détaillé par ordre alphabétique, 1 fr.

Afin de faciliter les recherches des amateurs de Portraits, soit
pour les illustrations, soit pour les collections d'autographes ou
autres; *deux catalogues détaillés* (n° 1 — n° 2), de quelques collections de portraits qui peuvent se trouver chez moi, classés par
ordre alphabétique, seront remis ou envoyés aux personnes qui en
feront la demande affranchie.

RENOU et MAULDE, imprimeurs de la Compagnie des Commissaires-Priseurs,
rue de Rivoli, 144.   18413

(263e)

CATALOGUE

DES

ESTAMPES

ANCIENNES ET MODERNES

PORTRAITS

DE GRATELOUP, MASSON, MORIN et SAVART

ŒUVRE DE NANTEUIL

NOMBRE EN PREMIER ÉTAT

École du XVIIIᵉ siècle

DESSINS ANCIENS

Composant le Cabinet

De feu M. Van der Helle, de Lille

DONT LA VENTE AURA LIEU

HOTEL DES COMMISSAIRES-PRISEURS

Rue Drouot, 5

SALLE Nᵒ 4, AU PREMIER ÉTAGE

Les Lundi 30 Novembre, Mardi 1 et Mercredi 2 Décembre 1868

A UNE HEURE PRÉCISE

Mᵉ DELBERGUE-CORMONT, Commissaire-Priseur,
rue de Provence, 8,

Assisté de M. **VIGNÈRES**, marchand d'Estampes,
rue de la Monnaie, 13, à l'entresol, entrée rue Baillet, 1,

CHEZ LEQUEL SE DISTRIBUE LE CATALOGUE.

EXPOSITION PUBLIQUE

Le Dimanche 29 Novembre, de 1 heure à 4 heures

PARIS — 1868

ORDRE DES VACATIONS

Les attributions de l'Amateur ont été conservées pour les Dessins.

CONDITIONS DE LA VENTE

Elle sera faite au comptant.

Les Acquéreurs paieront, en sus du prix d'ajdudication, CINQ POUR CENT, applicables aux frais.

M. VIGNÈRES, dirigeant la Vente, se charge des Commissions.

NOTA. Toute commission, sans prix fixé ou sans limite déterminée, sera regardée comme nulle.

M. VIGNÈRES se charge de faire marquer les prix aux Catalogues des ventes qu'il a faites. Les personnes qui le désirent peuvent s'adresser à lui *franco.*

Plusieurs Amateurs éloignés en ont reconnu l'utilité pour les guider dans leurs achats sur les valeurs des Estampes.

Les Catalogues des Ventes à faire seront envoyés aux personnes qui en feront la demande *affranchie.*

AVIS. — Nous prions MM. les Amateurs éloignés de ne pas attendre au dernier jour, pour que les lettres arrivent le matin de la Vente: ils comprendront que quelques lettres peuvent se lire, mais de 20 à 50 lettres, c'est difficile.

Feu M. VAN DER HELLE, fut un collectionneur distingué du nord de la France. Il aimait passionnément les livres. L'on parlera longtemps de sa Bibliothèque, une des plus importantes, qui soient passées en vente, de nos jours. La richesse de ses illustrations et le nombre des ouvrages à figures, par les anciens graveurs éminents, lui donnèrent le goût des Estampes. Il recherchait Ficquet, Grateloup, Savart, Masson, Morin, et surtout Nanteuil faisait ses délices. Il se plaisait à réunir les différents états pour point de comparaison.

Il voulait former les œuvres de ces maîtres portraitistes. Il enleva souvent à la chaleur des enchères les plus belles épreuves des belles ventes, du cabinet Camberlyn et autres, dont les noms nous échappent.

Pour donner plus d'étendue à sa collection de Curiosités, il vendit sa Bibliothèque en février dernier, 14 vacations et 100,000 fr. de produit; car ses désirs étaient de faire un Musée d'Objets d'Art.

Ses portefeuilles sont peu nombreux, mais seraient devenus considérables d'après les échantillons que nous possédons et ce qu'il pensait réunir avec le temps.

Son goût fin et délicat le portait aux choses parfaites ; aussi sa joie était complète lorsqu'on lui présentait, soit un NANTEUIL, 1ᵉʳ état, soit l'escarpolette de FRAGONARD ou les parties du jour d'EISEN, en états magnifiques.

Mais l'implacable mort ne lui a pas donné le temps de réaliser ses rêves.

L'on a vu se disperser en juin dernier sa riche et curieuse Collection d'Objets d'Art en tout genre, et, aujourd'hui, nous vous présentons le Catalogue de son cabinet d'Estampes. Bien des Amateurs vont enrichir leur collection des superbes épreuves que M. VAN DER HELLE a conservées avec si grand soin.

VIGNÈRES

Gros⸍. 2

lind 1
cetera 3
cetera ? lind 1
letera ? lind 1
cetera ? ——— Gros⸍. 2 25

Wlim 10   Gros⸍ 2 50
ou 30

DÉSIGNATION

ESTAMPES ANCIENNES

1 **Anonyme**. Vita Cupidonis. 33 petites pièces.
Scènes et emblèmes, rares.

2 **Anonyme**. Moïse frappant le rocher. Eau-
forte rare, collection R. Duménil.

3 — Histoire de saint Norbert. 28 p.

4 **Aldegrever** (d'ap.). Les Danseurs de noces.
5 groupes de cavaliers avec sa dame. Très-
belles ép.

5 **Baudouz** (Robb. de). Les Saisons, représen-
tées par des marines hollandaises. 4 p. très-
belles, avec marge, cahier.

6 **Begn**. L'Assemblée près la cheminée (B. 23).

7 — La Mère et son mari (30).

8 — La Mère au cabaret (31).

9 — La vieille Aubergiste (32).

10 — La jeune Cabaretière caressée (34).
Ces pièces sont très-belles avant l'adresse.

11 **Berghem**. La Vache qui s'abreuve.

12 **Bibiena** (d'ap.). Architecture et Perspective,
dédié à Charles VII. Emp. des Romains. 50 pl.
et titre; Paris, chez Basan, in-fol.

13 **Bloemaert** (A.), 1629. Les Chaumières. 26 p.
Superbes ép.

14 **Bois anciens**. Sujets religieux de Virgile
Solis, Ornements, Lettres illustrées, Sujets historiques de Cochin et autres. 189 p. diverses,
cahier.

15 **Boivin** (René). Masques formés de divers ornements; 7 mascarons et cartouche de *Lie-
frinck*. 10 p.

16 **Bolswert** (S. A.). Le Christ au roseau, d'ap.
Van Dyck. In-fol. Très-belle ép. Martin van den
Enden.

17 **Boudt** (Corneille de). La Passion en 12 petites
pièces. Très-belles ép.

18 **Brebiette**. Saint guérissant les malades, d'ap.
P. Véronèse.

19 **Breugel** (d'ap.). Les Vierges sages et folles. —
L'Envie, la Colère, la Gourmandise, l'Avarice,
l'Orgueil, Jugement dernier, Prudence, Charité,
Tempérance, Force, Justice, Espérance, Foi,
Paresse, Descente aux Enfers. 16 p. drôlatiques
très-curieuses. Belles ép. avec marge, cahier.

19 **Bruin** (N. de), 1594. Scènes d'Enfant. 5 p.
Superbes ép.

20 — 1618. La Passion. 12 p. in-4. Belles ép.

21 — Les différents Ages de l'homme, d'ap. M. de
Vos. 10 p., belles ép.

22 — L'Histoire de Joseph. 6 p.; la Passion, 10. En
tout, 16 p.

23 — Histoire de l'Enfant prodigue. 5 p.

24 **Callot**. Massacre des Innocents. Très-belle ép.

25 — Martyres des Apôtres. 16 p.

26 — La Noblesse Costumes. 11 p. très-belles.

Grorj 5.75   Hunrotta 5

Guer 25

Aprill 30

Derva 3.25

Ditchf. 30   Guer 10   Grorja 7

~~Grorj~~ 9   Lrlien 5.50

Garcin 3

Grorj 12.75

Groj. 7

Groj. 7.25

Groj 8.25

Groj 13.50

Groj 10.25

Groj 4
Groj 8 25
Groj 8 75
Netten 13
Garen 5

Grosjen 5 25

Groj. 3 25

Apult

Apult

28 — La grande Passion (M., 12). 14, 15, 16, 18 en 1er état. 12 p. en divers états, faisant différence.

29 — La Petite Passion (19-30). 12 p. — Nouveau Testament (37-45). 9 p. — Martyre des Apôtres. 16 p. En tout 37 p.

30 — Histoire de l'Enfant prodigue (53-63), avant les numéros. 11 p.

31 — Le Bénédicité (65). Saint Sébastien (137). — Saint Nicolas (140). — Funérailles de l'Emp. Mathias (397). La Pandore (729). 6 p.

32 — Les grandes Misères de la Guerre. 18 p. Très-belles ép., grandes marges du 3e état (M. 564-581). Vol. oblong, veau.

33 — Combat à la Barrière, Entrées. 7 p. très-belles.

34 — Carrière (622). Jeu de Boules (623). 2 p.

35 — La Noblesse (673-684). 12 p., belles ép.

36 — Gobbi, et Paysages, par et d'ap. 28 p.

37 — Siége de Breda. 6 p. grand in-fol.

38 — Triomphe de la Vierge. — Thèse de F. de Lorraine. 2 p. grand in-fol.

39 **Callot** (d'ap.). Petite Passion, Enfant prodigue, Noblesse, les Apôtres, les Gueux, Fantaisies, Grandes Misères de la Guerre. 142 p., par cahiers.

40 — Éventail, Tours de Nesle, du Louvre, Chasse, Martyres des Apôtres, Tentation de saint Antoine, 4 pl. différentes. 49 p.

41 **Cartes à jouer.** Tarots de Germano Natali à Bologne. 62 p. très-anciennes.

42 — Inv. Dis, et gravé par *Mitelli*. 46 cartes dans son étui.

43 — Italiennes. 62 cartes très-anciennes sur la division de l'Europe, armoiries, dans son étui.

44 Cesius (C.). Coupole de l'église Saint-André, à Rome, d'ap. *Lanfranc*. 8 p. in-fol.

45 Claessens. Sujets divers d'ap. *Rembrandt*, *Van Dyck* et autres maîtres. 15 p. très-belles, ép.

46 Claude Lorrain. Apollon et les Saisons.

47 Collaert (Adrien). Passion et Résurrection du Christ. 24 petites pièces, superbes ép., petit vol. broché en vélin.

48 — Vie de saint Jean-Baptiste. 16 petites p. Magnifique ép. avec marge, petit vol., carton.

49 — Vie de la Vierge Marie. 19 petites pièces, très-belles ép., petit vol. broché en vélin.

50 Collaert (J.). L'Age d'Or, d'Argent, d'Airain, de Fer. 4 p. très-belles.

51 Cousin (d'ap. Jean). Jugement dernier, en 9 feuilles.

52 Cranach (Lucas). Martyre de saint Erasme (B. 59). Pièce en bois, sous verre.

53 Dauuel *ex.* L'Office de la Vierge Marie, revue et corrigée, avec les prières du P. Coton, dédié à la Royne; Paris, Gabriel Clopejau, in-8. Les figures des 12 Apôtres sont à chaque mois et titre. 13 p., broché.

54 David (Ch.). Les Travaux d'Hercule, d'ap. *F. Floris*. 10 p. très-belles.

55 David (H.). Vie de saint Ignace. 12 p. y compris son portrait, in-8. Très-belles ép.

Apell

Grosj. 2-,75

Henrot 5

Henrot 4

Astati 8.

Henrot 3

Grosj 2 25

Dervan 51 . Apell 150 Grosf 12 50
c.c.
avant

Lino 1 50

Lino 1

56 **Dé** (Maître au). Sacrifice à Priape (B. 27). — La copie, contrepartie, 4ᵉ état. 2 p.

57 — Tapisserie du Pape. Le Singe.

58 **De la Mare Richart**. Têtes de caractères à l'eau-forte. R. D. 4, 5, 7, 9, 11, 12, 13, 15, 16, 18. En tout 10 p. Superbes ép.

59 **Dietricy**. Jésus guérissant les malades.

60 **Dolendo** (Z.). Jésus et les Apôtres. 14 p. d'ap. *De Gheyn*, ronds in-4. Très-belles ép.

61 **Durer** (Albert), 1518. La Vie de la Vierge. 19 p. B. 77 à 95. La Vierge sur le croissant (76), est remplacée par la Vierge et Jésus entourés d'anges (101). 20 p. magnifiques, ép. avant le texte au verso, marge, volume broché. Rare à trouver de cette condition.

62 **Durer** (d'ap.). Armoiries au Coq, à la Tête de Mort, Cavalier de la Mort, Mélancolie, Vierge au Hibou. 6 p.

63 — Enterrement du Christ et autres imitations de bois. 5. p.

64 **Dusart** (Corneille). Le Joueur de Violon assis. Belle eau-forte.

65 — De Reuck (l'Ivrogne). — L'essai du Haut Bonnet. 2 p. drôlatiques, en manière noire.

66 **Earlom**. Académie de dessin de Londres, d'ap. *Zoffani*, avant la lettre, encadré.

67 **École flamande**, Blocmart, etc., 4 p.

68 — Scènes intimes, ronds in-4. Très-belles ép., 11 p.

69 — Emblèmes. 3 p. rond in-4. Très-belles ép.

70 **Farinati** (d'ap.). Le Christ descendu de la Croix. Eau-forte.

71 **Fruytiers** (L.). Les Abus du monde renversé, avec texte français et hollandais à chaque sujets ou personnages, grand nombre de figures, sur un grand in-fol.

72 **Galays**, ex. Les OEuvres de Miséricorde. Cahier de 7 p.

73 **Galle** (Ph.) excudit. Singeries, l'Accouchée, les Jeux, la Danse, le Festin, les patineurs, le Barbier, la Joute, la Chasse, blanchisserie, Charlatan, l'Alchimiste, la Ripaille. Maigres et Gras, Siége de la Forteresse, Combat sur mer. 15 p. Très-belles, rares et curieuses, cahier.

74 **Geyn**. (Jacobus de). Mascarades recueillies et mises en taille-douce, en 1595. Amsterdam, *C. Dankerts.* 10 p. très-belles et rares.

75 **Goltzius** (H.). Jésus et les Apôtres. 14 p. in-4. Magnifiques ép. de la vente Graaf.

76 — Les Chefs-d'OEuvre. 6 p. in-fol. Suite complète.

77 **Goltzius** (d'ap.). Les Saisons. 4 p. en rond, par *Matham*.

78 — La Folie, l'Adoration des Bergers, Bacchus, Suzanne, etc. 5 p.

79 — Coridon et Silvia. Grande et belle pièce.

80 **Guerard** (chez N.). Recueil de nouveaux Grotesses (*sic*), ou Miroir universel du monde, représentés par des figures, Proverbes de Lagniet, Singeries amoureuses, etc. 133 p., petit in-fol. dans un volume de papier blanc, trèscurieux, très-rare. Superbes ép.

Gross 7.50   Green 10

Gross 20   Hebon 5

Gross 10.75   Hebon 6

Hebon 3

Hebon 3
Gross 21.50

Nettlau 2 D

Grog 9

Grog 15

Henratt ?

81 **Haeyer**. Figures pour, Monumenta humanæ Saluty. 12 p. Belles ép. *P. de Jode ex.*

82 **Holbein** (OEuvre d'). Th. Morus, Frobenius, Laïs, Vénus et l'Amour, Samuel et Saül. 5 p. Très-belles ép.

83 **Hollar**. Têtes grotesques d'ap. *Léonard de Vinci.* 11 p. Très-belles ép.

84 **Hooge** (R. de). Victoire de C. Speelman sur la côte de Coromandel, in-fol.

85 **Hubert** ex. (Adrianus). Description du Pays de Caveagne et de ses fertilitéz, avec texte in-fol., en vers français; en 2 feuilles réunies, grand in-fol. curieux et rare.

86 **Jode** (P. de). Histoire de Jésus et la Passion. 23 p., belles ép.

87 **Krafft**. Les Stations du Chemin de la Croix, in-8 avec marge. 14 p. très-belles.

88 **La Belle**. Petites figures de Soldats. 12. — Emblèmes pour la pompe funèbre de Ferdinand VIII. 20 p.

89 **Leclerc**. (Séb.). Chemin de la Croix. 36 p. — Paysages. 25 p. — Costumes français, règne de Louis XIV. 20 p. — Figures et Costumes. 45 p., 4 cahiers ensemble. 126 p.

90 **Livens**. Saint Antoine (B. 8). Belle eau-forte. Très-belle ép.

91 **Lochom** (Michel Van). Saints, in-8. 4 p.

92 — Sujets de l'Histoire du Christ. 10 p.

93 **Lommelin**. La Passion. 8 p. in-8.

94 **Lucas de Leyde**. Portrait d'un jeune Homme tenant une tête de mort (dit Lucas étant jeune). B. 74. Très-belle ép. Ancien cadre noir très-large.

95 — David jouant de la harpe devant Saül (B. 27).

96 — Saint Christophe (108). Très-belle ép.

97 — Sainte Madeleine debout sur des nuages (124). Très-belle ép.

98 — Pyrame et Thisbé (135). Très-belle ép.

99 — Un Enseigne (140). Belle ép.

100 — La Promenade (144). Belle ép.

101 — Homme et Femme assis dans une campagne (148). Belle ép.

102 — Jeune Homme tenant une tête de mort. Son portrait. Les Évangélistes. David. L'Opérateur et autres. 9 p.

103 — Histoire de Joseph, originaux et copies. David vainqueur de Goliath. 9 p.

104 — Copies des 142, 146 et de l'Espiègle. 3 p.

105 **Mandere** (d'ap. Van). La Passion, par *J. de Gheyn* et *Z. Dolendo*. 14 p. Très-belles et rares.

106 **Matham** (J.). Les Évangélistes. 4 p., d'ap. Joseph d'*Arpinas*.

107 — Mendiants. Vieux Vielleur et Vieille chantant, d'ap. *A. V. Venne*, rare.

108 **Mauperché**. Paysage. R. D. 43. Superbe ép.

109 **Mellan**. Tête de Christ, fait d'un seul trait de burin. Belle ép.

110 **Nothnagel**. Buste d'un Oriental. Superbe ép.

111 **Ostade**. Le Joueur de violon bossu (B. 44). Très-belle ép. avec marge.

Grosj . 6. Apell 12

Lind 2.00
Grosj 4 Lind 3
Lind 2

Lind 2 Derrau 6
Grosj 2 50
Grosj 2.75 Lind 1.50 Derpau 5
Grosj 2.75

Grosj 8.. Lind 4.

Guen 10

Grosj 2 25 Lind 2

Grosj 3.75

Guern 10
Veydr 13

                Derray 6
Lind 3   Grosj 2 75
              Lind 1.50

Lind 3.25 Grosj 6 75

112 — La Famille. Belle ép.

113 — Tête de Paysan, le Charcutier, Buveurs et autres, par et d'après. 5 p.

114 **Ostade**. La Danse au cabaret.

115 **Pas** (Crispin de). Les Parties du monde, Adolescentia, Concert, Repas, l'Odorat, Colericus. 9 p.

116 — La Foi, l'Espérance et autres vertus, les Mois de l'année en rond. 18 p.

117 — Festin, Bal, Combat, etc. 6 p. superbes avec jolis costumes.

118 — Les Sybilles. 5 p. très-belles ép.

119 **Pesne**. Testament d'Eudamidas, d'ap. Poussin.

120 **Pitteri**. Les Apôtres, Évangélistes, etc. 17 p. in-8., très-belles ép.

121 — Les Apôtres. In-fol., 12 p., très-belles.

122 **Porporati**. Le Coucher, d'ap. *Vanloo*. Très-belle ép. encadrée.

123 **Poussin** (d'ap. N.). La Passion, par *Cl. Stella*. 14 p. in-fol., très-belles ép., grande marge cahier.

124 **Raimondi**. Présentation au temple, d'après Durer et photographie de la Muse de l'Histoire. 2 p.

125 **Rembrandt**. Le Denier de César (B. 68).

126 — Retour de l'Enfant prodigue (91). Très-belle.

127 — Le petit Orfèvre (123). Très-belle ép.

128 — Abraham France, amateur (273).

129 — Annonce aux Bergers, Samaritaine, Saint-Jérôme, Têtes, Ésaü de Rodermont. 6 p.

130 — Le Peseur d'or et autres copies. 36 p.

131 — (d'ap.) par Claussin, Kroff, Riedel, etc. 35 p.

132 — Eaux-fortes par *Claussin* et autres. 40 p. sur chine, album oblong.

133 — Bourguemestre six. — Le grand Copnol. 2 p. encadrées.

134 **Rode**, 1777. Scènes historiques et allégoriques. 9 p. à l'eau-forte, très-belles.

135 **Ronchus** (Albert), 1610. Vie de Saint-Charles Borromée. In-4 avec texte gravé à l'eau-forte, avec entourages d'ornements. 66 p. broché en velin, très-beau vol., très-rare.

136 **Rosa** (Salvator). Études de Soldats. 1 ép. originale et 32 copies. 33 p.

137 **Rubens**. La Vieille à la chandelle. Superbe ép. sur chine non fixé.

138 **Rubens** (d'ap.). Combat des Amazones en 6 feuilles, par *Vorsterman*.

139 — Le Christ au tombeau, par *Ryckemans*. Très-belle ép., rare.

140 — La Mère de Rubens, l'Enfant, la Vieille et la Mort, Jésus et le Payeur, Élévation en croix en 3 feuilles. 4 p.

141 — Saint François recevant les stigmates, par *Vorsterman*.

142 — La Descente de croix qui est à Anvers. — La Présentation. — La Visitation. 3 p. manière noire, grand in-fol., publiées par M. Buffa.

143 **S K** (Monogramme). L'Avarice. Belle ép.

144 **Schauffelein** (Hans), 1550. Procession des danseurs de noces, frise en bois composée de 6 feuilles jointes.

Henriott 15

Gross 2.25   Terr. 21

Hamrott 8

Garun 7.

Henrott 3.

Grosj. 2   Ditctsf. 6

Grosj 1.25

Hermill 2 50

Garein 2
Wirnu 10

Veyer 4   Lini 1 .
           Lind 1
           Grosj 2.25

145 **Scheyndel**. Paysages et tête de femme à l'eau-
forte. 3 p. très-belles.

146 **Smith** ex. La Vieille qui fait pisser l'Amour,
manière noire, signée *J. G*. In-4.

147 **Stephanus**. Sujets de l'Histoire de Diane. 2 p.

148 **Stolkes**. Le Fumeur, d'ap. *Schalken*. Superbe
effet de lumière.

149 **Suyderoef**. Le Coup de couteau. — Fumeurs
à la porte de l'auberge. 2 p. in-fol., d'ap. *Ostade*.

150 **Swelinck** (J.). Vie en estampes de sainte Ca-
therine de Sienne. 26 p. seulement sur 33, édi-
tées par *Thomas de Leu*. Très-belles ép.

151 **Valck** (G.) *ex*. Jean qui rit et Jean qui pleure.
Ils sont chacun appuyés sur la boule du monde.
2 p., manière noire, rares.

152 — Pan et Syrinx, d'ap. *Netcher*. Manière noire,
in-fol., sujet gracieux. Superbe ép.

153 **Velde** (J. van de). Amœnissima, etc. Paysages
et Ruines. 18 p. Superbes ép.

154 **Venne** (d'ap. V.) La Vieille lisant, par D. V.
Bremden. Superbe ép.

155 **Vierix** (Genre de). La Naissance, la Chute, la
Réparation et le Salut de l'homme. Cahier de
11 p.

156 **Wierix** (H.). Naissance de Jésus ; in-8 grande
marge, très-belle ép.

157 — Jésus devant le grand prêtre ; in-4.

158 — Suzanne entre les vieillards ; in-4.

159 — Le Christ à la colonne ; in-4. Superbe ép.

160 **Visscher** (C.). Bohémiens. — Marchand de
mort-aux-rats. 2 p. in-fol.

161 **Visscher** *excudit* (Jean). Venationis, Piscationis et Aucupii Typi. Chasses et Pêches. 8 p. in-4.

162 — Saints Anachorètes. 4 p. in-4.

163 **Vliet** (Van). 1631. Saint Jérôme en prière dans sa grotte. — Faiseur de balais. B. 38-56. 3 p.

164 **Vos** (M. de). Martyres des Apôtres. 13 p.

165 **Sujets sur la mort**, Triomphe, son Portrait, Emblèmes, Allégories, sur bois, sur cuivre, par *Wierix* et autres. 25 p.

166 — La Mort et le Cavalier, et la Dame. 3 petites p. *Snyders ex.*, etc.

167 — La Mort et les Joueurs. Belle eau-forte.

168 — Danse macabre ou de la Mort. 35 p. in-4.

169 Le Monde plein de fols, ou le Théâtre des nains, avec les discours, recueil très-curieux et amusant, de personnages grotesques, avec texte hollandais et français. 78 p., par Folkema et autres. Très-belles ép., très-beau volume veau m. dentelles, fers à plats.

170 Vita B. Mariæ Virginis iconibus, Vie de la Vierge, Cologne 1627. Joli vol. avec 38 pl. d'ap. les maîtres *Durer*, *M. Schongauer*, etc., in-8 broché en vélin.

171 Emblèmes et devises. 20 p.

172 École française, Dorigny, Flamen, Mellan. 17 p.

173 École italienne, Londonio, Pitteri, etc. 13 p.

174 École flamande. Les Buveuses de Suyderoef et autres, d'ap. Teniers, etc. 20 p.

175 Animaux, d'ap. Paul Potter, Berghem et autres. 44 p.

176 Scènes de la Bible, Vue de Jérusalem, etc. 32 p.

Bernay C

Groaj 3.75   Hennault 5
                 au palais

Groaj 2

Groaj 3.50
Groaj 7.75

Voyeh 18

Hédan ?

Groaj 8.

Wien 8

Michel 13

Michel. 7

PORTRAITS

177 **Anonyme**. Isabelle d'Este; in-fol., riche cos-
tume de velours découpé et très-pittoresque,
rare.

178 **Alix**. Saint Charles Borromée; in-4, d'ap. *Champagne*. — *Swelinck* à genoux, par *Picaud*, d'ap.
Le Brun. 3 p.

179 **Ardell** (Mac). Henri Fox, d'ap. *Liotard*. —
Femme en manchon, d'ap. *Reynolds*. 2 p. petit
in-fol.

180 **Beauvarlet**. Le comte d'Artois et sa Sœur sur
une chèvre; in-fol., d'ap. *Drouais*. Très-belle ép.

181 **Bervic**. Linnée; in-4. — Senac de Meilhan;
in-fol. 2 p.

182 **Blot**. Le Dauphin et Madame tenant un nid
d'oiseaux, d'ap. *M*ᵐᵉ *Le Brun;* in-fol. toute marge.

183 **Cathelin**. L. Stanislas Xavier, Monsieur; in-4,
d'ap. *Drouais*. — Joseph Vernet; in-fol., d'ap.
Vanloo. 2 p.

184 **Chereau**. N. Delaunay, directeur de la Monnaie; in-fol., d'ap. *Rigaud*. — Christine Zorn.
2 p.

185 **Collaert** (Ad.). Les Césars, portraits équestres,
14 p. petit in-fol., très-belles ép.

186 **Cormilliet**. La Femme de Rubens.

187 **Coutellier**. Mˡˡᵉ Olivier; in-4 en couleur. Su
perbe ép.

188 **Crepy**. A. Watteau, d'ap. lui-même. Superbe
ép. in-4. Chez Gersaint avant la planche réduite.

189 **Dagoty**. Caylus. — Rameau. 2 p.

190 **Daullé**. Benoist Stuart; in-fol., avant la lettre marge.

191 **Dequevauvillers**. Bossuet, Corneille. Mesdames de Grignan, Sévigné. 4 p. in-8, avant la lettre toute marge. Superbes ép.

192 **Desmarest**. Voltaire assis dans son cabinet; petit in-fol., rare, marge.

193 **Desrochers**. Marie Leczinska; rare. — Duchesse de Montpensier. 2 p., in-8, très-belles ép.

194 — Guillaume III, Marie, Monmouth, Frédéric Guillaume. 4 p. petit in-fol.

195 **Deveria** (d'ap.). Portraits pour les Lettres de Madame de Sévigné. 25 p. avant la lettre, grand papier vélin. La Généalogie, 6 vignettes. Les Éventails, Châteaux et Portraits. En tout 32 p.

196 **Devlamyndt**. Rembrandt à mi-corps, d'ap. lui-même. Superbe ép. avant toute lettre sur chine, in-fol.

197 **Drevet**. J. F. P. de Bonne de Crequy, duc de Lesdiguières; petit in-fol. d'ap. *Rigaud*.

198 — Bossuet en pied, d'ap. *Rigaud*. Très-belle ép. in-fol. avec un point, marge.

199 — J. N. Colbert, archevêque de Rouen; in-fol., d'ap. *Rigaud*.

200 — Fénelon, archevêque de Cambrai; in-4. Superbe ép..

201 — Louis, grand dauphin; in-fol., d'ap. *Rigaud*.

202 — F. de Mailly, cardinal archevêque de **Reims**; in-fol., d'ap. *Vanloo*. Très-belle ép.

Veyrat 8.   Bavoux 20

Michel 8

Garcin 2

Michel 55   Hennot 10

Chas H. 3.

Hennott 5

Hennot 3   Michel 9

Michel 18

Veyer— 3

Apell 6

Baray 20

203 — L. A. de Noailles, cardinal archevêque de Paris; in-fol., d'ap. *Rigaud*.

204 — Louis XV jeune, d'ap. *Rigaud*. Calvairac, J. N. Colbert, Oronce fixé. 5 p. in-fol.

205 **Drouais** (d'ap.). Les Enfants du duc de Choiseul jouant avec un carlin, par *Beauvarlet*. — Les Enfants du roi de Sardaigne jouant avec une marmotte, par *Melini*. 2 p. in-fol.

206 **Dyck** (Van). Judocus de Momper, peintre. Eau-forte originale.

207 — (d'ap.) Barbé, Christian, Le Roy, Scribanius, Van der Borcht en pied. 5 p.

208 **Edelinck**. Bossuet; in-4. Premier état, belle ép., marge.

209 — Réné Descartes; in-4. Belle ép., marge.

210 — Ch. Le Brun; in-fol., d'ap. *Largillière*.

211 — Rémi du Laury; in-fol., d'ap. *Van Oost*.

212 — Fr. de Médicis, grand duc de Toscane, Jeanne d'Autriche, sa femme. 2 p. in-fol. en pied.

213 **Edelinck** (N.). Jeune Prince à mi-corps, d'ap. *Davidde*. Très-belle ép. avant la lettre, toute marge.

214 **Egmont** (Juste d'), 1645. Louise Marie de Gonzague, reine de Pologne et de Suède; in-fol. Rare.

215 **Ficquet**. Crébillon, Descartes, Lamothe-Levayer, J.-B. Rousseau. 4 p. in-8.

216 — Lamothe-Levayer. — Montaigne. 2 p. in-8. Très-belles ép.

217 — L. Chaubert, abbé de Sainte-Geneviève; in-fol.

218 **Fleismann**. Rembrandt, d'ap. lui-même.

219 **Fritsch**. Frédéric-le-Grand; petit in-fol.

220 **Gaultier** (Léon)? Commines, Rabelais, C. de Thou. 3 très-petits portraits.

221 **Geille**. Lafayette, général, buste; in-fol.

222 **Goltzius** (H.). Portrait d'Homme à mi-corps, montrant de son index, sur un livre, Dieu créant le monde. Armoiries avec trois chapeaux; in-4. *F. van Wyngaerde excudit.*

223 **Grateloup** (J. B.). Dryden; in-8, marge. Superbe ép. sur chine non fixé.

224 — Fénelon; in-8. Magnifique ép., marge.

225 — Montesquieu; in-8. Superbe ép., marge.

226 — J. B. Rousseau; in-8. Superbe ép. sur chine non fixé, marge.

227 **Green** (Valentine). Son Portrait; in-fol., d'ap. *Abbott*, manière noire.

228 — Général Green; in-fol. en pied, d'ap. *Peel*, manière noire.

229 **Hertel** (G.). Ch. Frédéric II. — Marie Thérèse. 2 portr. équestres petit in-fol.

230 **Hollar** (W.). Georges d'Ettenhard, entouré d'enfants tenant des cornes d'abondance. Superbe ép. in-4 en travers.

231 **Houbraken**. Georges I, II, Godolphin, Imkoff, Caroline d'Orange, Tillotson et autres. 11 p.

232 **Halle** (d'ap. Van). Portraits des envoyés plénipotentiaires pour la paix. 27 p. petit in-fol.

233 **Jode** (P. de). Comtes de Flandre; in-8. 33 p.

Baud 20

Groај . 1.25

Heyden 3,   Baray 15

Teis 21   Bavoux 15   Michel. 21
Teis 21   Bavoux 15   Michel 23
Teis 21   Bavoux 15   Michel 18

Michel 6

Janvary 6

Veyn 5

Mathieu 5

Michel 4   Garcin 1.50

Michel 9

Michel 10

Michel 19

Leis 21   Apell 10   Grosj. 2 25

234 **Lapi**. Dante, Laure, Pétrarque; in-8, d'après
    Ermini. 8 p. sur chine non fixé.

235 **Lasne** (Michel). Jacques Callot, graveur; in-8.
    Très-belle ép.

236 **Le Beau**. Marie J. L. de Savoie, Madame;
    grand in-8. Superbe ép., marge.

237 **Le Fevre** (A.). Général Foy, en buste, d'ap.
    Horace Vernet. Superbe ép. avant la lettre chine
    toute marge.

238 **Lemire**. Cl. Rousselet, abbé de Sainte-Gene-
    viève; in-fol.

239 **Lenfant**. Guerrier entouré de 16 armoiries.
    Aremberg, Croy, etc.; in-fol. Superbe ép. d'ap.
    Ponchel.

240 **Lépicié**. Louis de Boullongne, peintre; in-fol.
    d'ap. *Rigaud*. Belle ép.

241 **Levachez**. Portraits pour les tableaux de la
    Révolution avec le tableau des assignats. 12 p.
    in-fol.

242 **Masquelier**. Marquise de Simiane; in-8, d'ap.
    Largillière.

243 **Masson**. L. Abelly, évêque de Rodez; in-fol.
    (R D. 8). Belle ép.

244 — G. Charrier, lieutenant criminel au présidial
    de Lyon (16). Très-belle ép.

245 — Marin Cureau de la chambre, médecin ordi-
    naire du roi. Superbe ép., 1er état, il y en a 5
    (24).

246 — Marie de Lorraine, duchesse de Guise (32).
    Superbe ép. avant le lapin, il y a encore 2 états
    après celui-ci.

247 — Harcourt (comte) dit le Cadet à la perle (34).

248 — Madame Helyot; in-8 (36). Belle ép.

249 — Louis XIV, d'ap. Le Brun (43). Très-belle.

250 — O. le Fevre d'Ormesson (58). Superbe ép.

251 — **N.** Potier de Novion (56). Grandeur naturelle.

252 — Brisacier. — Fréd. Guillaume. — P. Dupuis, peintre. 3 p.

253 **Mellan**. J. Hubert de Montmor. Très-belle ép., petit in-fol.

254 **Mellini**. Ch. Jos. de Pollinchove, premier président au parlement; in-fol., d'ap. *Aved.*

255 **Moitte**. Jean Restout, peintre à mi-corps, d'ap. *De la Tour.* Superbe ép. in-fol., toute marge.

256 **Morghen** (Raphaël). Portrait de P. Aretin? Ovale in-8, encadré.

257 **Morin** (J.). Cardinal Bentivoglio (R D. 43). Superbe ép. du Cab. *Camberlyn.*

258 — Saint Charles Borromée (45). Très-belle ép.

259 — Brachet de la Milletière (48). Très-belle.

260 — N. Chrystin (51). Belle ép.

261 — Jérôme Franck, peintre (52). Très-belle.

262 — Jacques Le Mercier, architecte (69). Très-belle.

263 — N. de Netz, évêque d'Orléans (70). Très-belle.

264 — Philippe II, roi d'Espagne (71). Superbe ép. Cab. *Camberlyn,* marge.

265 — Omer Talon (7.). Très-belle ép.

266 — Dom Tarisse (75). Superbe ép.

267 — Augustin de Thou. — Christophe de Thou (77-78). 2 p. très-belles.

Georg 2   ~~Hennet 2~~
Apell 3   Hennet 2

Apell 5   Teis 8.   Michel 16   Barmes 5
Apell 8   Michel 22

. Apell 6

Ch. v. H. 5 0   Lapel 10

Apell 6   Teis 33.   Michel 15   Barmes 5

Apell 12   Hennet 5

. Apell 3.
Apell 3

Apell 3 .
Vogon 3.50   Apell 6   Teis 21   Michel 19

Michel 11
Apell 4.   Teis 13   Barmes 5
Apell 3   Michel 13

Michel 9   Veigt 2 50
              Teis 21
Michel 8   Teis 7
     Teis 15   Apell 4

Michel 21   Teis 35

Michel 21 Teis 41   Apell 5

         Hernott 5   Apell 12

Varin 3. 50

Lorig.
Lorig.

Michel 11

Apell 4   Lorig.
Apell 8   Michel 17

Vien 20   Apell 10   Michel 18

Michel 75   Apell 12   Lorig
pour billet
voir l'autre

268 — Jacques Auguste de Thou (79). Très-belle ép.

269 — Jacques Tubeuf (80). Superbe ép., marge.

270 — Amador de Vignerod (85). Superbe ép.

271 — Fr. de Villemonté (86). Superbe ép. du cabinet *Rigal, Franck,* etc.

272 — N. de Neufville, marquis de Villeroy (87). Superbe ép. du cab. *Camberlyn,* marge.

273 — Antoine Vitré (88). Superbe ép., grande marge, du cab. *Camberlyn.*

274 **Muller** (Jean). Albert, archiduc d'Autriche. — Isabelle Claire Eugénie. 2 p. in-fol., d'ap. *Rubens.* Costumes de la plus grande richesse.

275 **Muller**. Leramberg, sculpteur. — J. M. *Notter.* 2 p. petit in-fol.

276 **Nauteuil** (R.). Son Portrait; in-4, par *Edelinck.* Très-belle ép., marge.

277 — Moïse (Robert Dumesnil 1).

278 — Buste du Christ (R. D. 4). Avant-dernier état.

279 — Buste de la Vierge (5). Superbe ép., 1er état du cab. *Camberlyn.*

280 — Jacques Amelot (19). Très-belle ép., 1er état, sans marge, rare.

281 — Michel Amelot, archevêque de Tours (20).

282 — Michel Amelot (21). Grandeur naturelle, très-belle ép.

283 — Anne d'Autriche (22). Tres-belle ép. 2e des 5 états.

284 — Anne d'Autriche (23). Grandeur naturelle, belle ép. du 1er état, rare.

285 — La même. Superbe ép., 2e état avec le crochet, marge, parfaite condition, cabinet *Camberlyn*.

286 — Simon Arnauld de Pomponne (24). Grandeur naturelle, belle ép.

287 — Dreux d'Aubray (25), père de la Brinvilliers. Superbe ép.

288 — Claude Auvry, évêque de Coutances (26). Superbe ép., 1er état, cabinet *Camberlyn*, marge.

289 — Louis de Bailleul (27). Très-belle ép. 1er état.

290 — Ant. Barberin, cardinal archevêque de Reims (28). Très-belle ép.

291 — Ant. Barberin (29). Très-belle ép.

292 — Ant. Barberin (30). Belle ép.

293 — De Bartillat (32). Superbe ép., 1er état du cab. *Camberlyn*, belle marge.

294 — F. de Vendôme, duc de Beaufort dit le roi des Halles (33). Superbe ép., 1er état.

295 — Le même. 2e état, adresse de Mariette. Très-belle ép. la bordure coupée.

296 — Pomponne de Bellièvre (37). Belle ép.

297 — Ch. Benoise (38). Très-belle ép.

298 — F. Blanchart (39), abbé de Sainte-Geneviève. Superbe ép., 1er état, cab. *Camberlyn*.

299 — F. Blondeau, président de la Chambre des Comptes (40). Très-belle ép.

300 — Bochart-de-Saron (42), chanoine de Paris. Très-belle ép.

301 — Gilles Boileau (43). Superbe ép., avant-dernier état.

Leis 48   Vien 20   Michel 52   Villefor 40

Apell 25   Michel 42

Lorig   Michel 10

Chatth. 5   Cluseret l'avoir   Lorig   Apell 5   Michel 14

Apell 7   Michel 9
Apell 7   Leis 6   Michel 14
                          ou
Apell 6   44
                          ou
Apell 6   Leis 6   40.
Apell 10   Leis 27   Michel 19   Darius 40

Lorig Apel 8   Leis 35   Michel 65   15
                                  ou
                                       31

Lorig   Apell 4   Michel 26
Lorig   Apell 6   Michel 9
Leis 18   Apell 7   Michel 12

Michel 5   Apell 5

Michel 5

          Apell 3

Michel 27   Apell 5   Loriy

Michel 12   Apell 5   Loriy

Michel 25   Apell 8   Loriy

{ ou

      20   Apell 7

{ ou

      10

Janour 5   Apell 15   Leis 31

       Michel 36   Loriy
{ ou
Michel 40   Apell 10

                          Michel 8

Michel 7   Apell 4   Loriy

Michel 25   Leis 12   Apell 5   Loriy

{ ou

      12

                          Michel 9

                          Michel 16

                          Michel 8

302 — L. Boucherat, chancelier (46). Grandeur naturelle, très-belle ép., cab. *Camberlyn*.

303 — Pierre Bouchu (47). Très-belle ép., 1ᵉʳ état.

304 — Fréd. M. de la Tour d'Auvergne, duc de Bouillon, frère aîné de Turenne (48). Belle ép., marge.

305 — Duc de Bouillon (49). Superbe ép., 3ᵉ des 5 états.

306 — Le même. Belle ép., dernier état.

307 — Em. Th. de la Tour d'Auvergne, cardinal de Bouillon (51). Magnifique ép., 1ᵉʳ état, marge.

308 — Cardinal de Bouillon (52). Grandeur naturelle. Très-belle ép., 1ᵉʳ état, marge.

309 — Cardinal de Bouillon (53). Grandeur naturelle. Très-belle ép., 1ᵉʳ état, marge.

310 — Victor le Bouthillier, archevêque de Tours (55). Superbe ép., 1ᵉʳ état.

311 — Le Bouthillier (56) entouré d'attributs. Superbe ép.

312 — Marie de Bragelogne (57). Etat non décrit par R. D., la raie est au bas ; mais les points n'y sont pas, l'extrême beauté de cette ép. la classe 2ᵉ état, marge.

313 — Marie de Bragelogne (57). Belle ép. du 4ᵉ et avant-dernier état, marge.

314 — Marquis de Castelnau (58). Très-belle ép., marge.

315 — Jean Chapelain (60), avant-dernier état marge.

316 — Charles de Lorraine Vᵉ du nom (63). Superbe ép., grande marge.

317 — Christine de Suède (6). 1er état.

318 — Clermont-Tonnerre, évêque de Noyon (68). Superbe ép., 1er état, marge.

319 — Cardinal de Coislin (69.)

320 — Cardinal de Coislin (70), 1er état. Très-belle ép.

321 — J. B. Colbert (71). Superbe ép., avant-dernier état.

322 — J.-B. Colbert (72), avant-dernier état.— Marie de Bragelogne, 2 p.

323 — J.-B. Colbert (76). Grandeur naturelle. Très-belle ép., avant-dernier état.

324 — Le grand Condé (79). Belle ép.

325 — Honoré Courtin (80). Magnifique ép., 1er état.

326 — F. de Bonne, maréchal de Crequy (81). Superbe ép.

327 — Alex. De Seve (82). Magnifique ép., marge.

328 — Doni-d'Attichy, évêque d'Autun (83). Très-belle ép.

329 — Jean Dorieu (84). Magnifique ép., marge.

330 — Dulieu de Chenevoux, maître des comptes (85). Très-belle ép.

331 — Les frères Dupuy (89). Très-belle ép., 1er état.

332 — Bernard de Foix de la Valette, duc d'Epernon (91). Très-belle ép., 1er état.

333 — César, cardinal d'Estrées (92). Magnifique ép., grande marge.

334 — John Evelyn (dit le petit Mylord) (93). — Etat non décrit entre le 3e et le 4e; les Armoiries sont effacées, mais le monogramme existe. — Très-belle ép., rognée de chaque côté. Très-rare.

Lorig   Apell 3
Lorig   Apell 6

Michael 8 ————————
Lorig   Apell 6   ou 8

Leis 51

Gäbelet   Garim 9. Apell 8

Michael 47
Apell 5   Leis 26   Banony ai
Apell 4

Lorig   Leis 19   [illegible]

Lorig   Apell 3   [illegible]
Lorig   Apell 4

Lorig
Apell 8

Lorig   Michael 10

Lorig   Apell 8   Michael 11

Michel 5   Apell 3   Lorig
                   Michel 9

                   Michel 7

Michel 15   Tein 21   Apell 3
           Michel 21   Apell 6

       Michel 16   Apell 5   Lorig
                          Michel 8
Michel 26   Bavang 8   Apell 5   Lorig

                   Michel 9

              Apell 5   Michel 11

         Michel 9   Lorig

              Apell 8   Michel 15

                          Michel 9
Michel 10   Apell 7   Lorig

                   Michel 9

       Michel, 9   Apell 5

              Varin 3   Michel 18

335 — Ch. Faure (94). Très-belle ép., in-8.

336 — H. Feret (95). Très-belle ép., 1er état avant l'Inscription sur le socle.

337 — Gaspard de Fieubet (96). Très-belle ép. sans marge.

338 — Basile Fouquet (97). Superbe ép., marge.

339 — Nicolas Fouquet (98). Superbe ép., marge avant dernier état.

340 — P. Gassendi (101). Belle marge.

341 — Madame de Gillier (103). Très-belle ép.

342 — F. Guenault, médecin de la reine (105). Très-belle ép.

343 — H. de Guenegaud (106). 1er état, les Armoiries coloriées, sans marge, collée.

344 — F. de Harlay de Chanvallon, archevêque de Paris (107). Demi-nature. Belle ép., marge.

345 — L. Hesselin (10?). In-4, ovale. — Le même dans un entourage d'enfants et de griffons, 2 p. Belles ép.

346 — J. Fréd., duc de Brunswick-Lunebourg (111). Grandeur naturelle. Superbe ép. Cab. *Camberlyn*.

347 — P. Jeannin (112). Magnifique ép., marge.

348 — Cl. Joly, évêque d'Agen (113). Très-belle ép., 1er état, demi-nature.

349 — Denis de La Barde, évêque de Saint-Brieuc (115). Très-belle ép., marge.

350 — Marin Cureau de La Chambre, médecin du roi (116). Superbe ép., 2e des 4 états.

351 — Lalemant prieur de Sainte-Geneviève (117). 2 belles ép.

352 — Ch. de La Porte, duc de la Meilleraye (118).

353 — Guil. de Lamoignon (120).

354 — Guil. de Lamoignon (121). Grandeur naturelle. Très-belle ép.

355 — L. Phelypeaux de La Vrillière (123). Très-
belle ép., marge.

356 — Noël Le Boultz (124), demi-nature. Très-belle
ép.

357 — Michel Le Masle (126). Belle ép., 1er état avec
1858, marge.

358 — Michel Le Tellier (128). Superbe ép., marge.

359 — Le même. Rare ép. sur vélin rognée. —
Michel Le Masle, 1er état, 2 p.

360 — Michel Le Tellier (130). Très - belle ép.,
marge.

361 — Michel Le Tellier (132). Belle ép.

362 — Michel Le Tellier (137). Grandeur naturelle.
Belle ép.

363 — Ch. Maurice Le Tellier, archevêque de Reims
(138). Très-belle ép., marge.

364 — Ch. M. Le Tellier (141). Grandeur naturelle.
Très-belle ép., 1er état, marge.

365 — La Mothe Le Vayer (143). Belle ép.

366 — Dominique de Ligny, évêque de Meaux (144).
Superbe ép. Cab. *Camberlym*, marge.

367 — Hugues de Lionne (146). Belle ép., grande
marge.

368 — Lomenie de Brienne (148). Très-belle ép.,
1er état.— Le même, État non décrit, la planche
coupée au-dessus des armoiries, à la calcogra-
phie, 2 p.

369 — Duc. de Longueville (149).

Apell 5
ievig   Apell 8,

Apell 5   Michel 9   Meven 4,

Apell 8

Apell 5

ievig   Apell 5
ievig Garcin 9. Apell 7

Apell 7.   Michel 10

ievig   Apell 14   Michel 24

Michel 17
Apell 3

Apell 5

Michel 9

Apell 2.

Michel 22   Bavay 15   Apell 12

Michel 29   Lein 25   Michel 7.
  ou   Loriy
                            ou
      29   Loriy
      15   Loriy

Michel 23   Apell 3   Loriy

Michel 19   Apell 3   Loriy

                        Loriy
- Michel 21   Loriy
  Chuerere   Chat H.   5
    Javer

                        Chat H.   4
                        Apell   6

Vien 20   Apell   6
an Mazanin
jusqu'a 3.31
              Apell 5   Loriy

                        Apell 5

              Apell 7   Loriy
              Apell 12   Loriy

370 — Jean Loret, poëte (150). Très-belle ép., avant la virgule.

371 — Lotin de Charny (151). Avant-dernier état.

372 — Louis XIV (153). Superbe ép., 1er état marge.

373 — Le même, 1er état. *Sale*

374 — Le même, 2e état, le manteau changé en armure et entouré d'attributs. Belle ép.

375 — L. M. de Gonzague, reine de Pologne (164). Belle ép. Grande marge.

376 — René de Longueil, marquis de Maisons (165). Très-belle ép., marge. Cab. *Camberlyn.*

377 — Marquis de Maisons (166). Très-belle ép. du 3e des 5 états.

378 — Maridat de Serrières (168). Belle ép., in-8.

379 — Duchesse de Savoye (169). Belle ép.

380 — Goyon de Matignon, évèque de Coutances (172). Superbe ép., 1er état. Cab. *Camberlyn.*

381 — Le même. Très-belle ép., 1er état.

382 — J. de Maupeou, évèque de Chalons-sur-Saône (173). Demi-nature. Superbe ép. sans marge, collée.

383 — Cardinal Mazarin (174). Très-belle ép., avant-dernier état.

384 — Cardinal Mazarin (175). 1er état. — Marquis de Maisons, 3e état, 2 p.

385 — Cardinal Mazarin (178). Superbe ép.

386 — Le même. Très-belle ép.

387 — Cardinal Mazarin (180). Ep. avec marge.

388 — Cardinal Mazarin (181). 2e des 5 états. **Cab.** *Camberlyn.*

389 — Cardinal Mazarin (183). Très-belle ép. Cab. *Camberlyn*.

390 — Cardinal Mazarin (186). Très-belle ép., entouré d'attributs.

391 — Cardinal Mazarin (187). Belle ép., 1er état.

392 — Gilles Menage (188). 1er état.

393 — L. de Vendome, duc de Mercœur (189). Belle ép.

394 — Henri de Mesmes (191). Magnifique ép., 1er état avec 1650, marge.

395 — J. Ant. de Mesmes (192). Très-belle ép., 1er état.

296 — Le même Etat non décrit avec 1667, entre le 3e et le 4e état.

397 — Edouard Molé (193). Superbe ép.

398 — Mathieu Molé (194).

399 — Montpezat de Corbon (196). Demi-nature. Superbe ép., du 1er état.

400 — Henri de Lorraine, marquis de Mouy (197). Superbe ép., 1er état avant la lettre.

401 — Le même. Très-belle ép., 1er état.

402 — Henri de Savoye, duc de Nemours (198). Ep. du 1er état.

403 — Henri, duc de Nemours (199). Superbe ép., du 1er état. Rare.

404 — Anne M. d'Orléans Longueville, duchesse de Nemours (200). Ep. avec marge. Rare.

405 — F. Th. de Nesmond (201). Très-belle ép.

406 — F. de Nesmond, évêque de Bayeux (202). 2e des 4 états. Très-belle ép., sans marge.

Apell 4. Michel 15 }

 rourig . Apell 5

 rourig   Apell 8   view

 Lorig

 Lorig   Apell 6

Apell 6.

prorig   L 75

growy 2
Lorig

Lorig

Lorig   Apell 5   Michel 26

Chat H— 3 50
Chestl 3 50   Apell 6

Eeis 9

Eeis 16   Apell 25

           Apell 12
           Apell 12

Eeis 6   Apell 11

  Michel 36   Loriy

  Eeis 13   Loriy

              Loriy
Michel 21   Apell 6   Loriy

   Michel 11   Apell 4

~~Michel 21~~   Chortl 3·8

              Jearom 5

Michel 37   Apell 7   Loriy
   on
      12

407 — Ferd. de Neuville, évêque de Chartres (203).
Superbe ép. avant-dernier état 1657.

408 — Ferd. de Neuville (204). Superbe ép., du
1er état. Très-rare,

409 — Le même. Très-belle ép., du 3e des 9 états.

410 — Nicolas Potier de Novion (205). 2e des 4 états
sans marge. — Le même 4e état, 2 p.

411 — Nicolas Potier de Novion (206). Belle ép., du
2e des 4 états.

412 — Le même, avant dernier état.

413 — André Le Fevre d'Ormesson (209). Très-
belle ép., 1er état.

414 — Payen-Deslandes (210). Superbe ép.

415 — Perefixe de Beaumont, archevêque de Paris
(211). Superbe ép., 1er état, marge.

416 — Perefixe (214). Grandeur naturelle. Superbe
ép., avant-dernier état, marge.

417 — P. Poncet (215). Superbe ép., 1er état.

418 — Cl. Regnauldin (216). Superbe ép., 1er état.

419 — J. F. Paul de Gondi, cardinal de Retz (217).

420 — Ch. Paris d'Orléans, comte de Saint-Paul
(219). Magnifique ép., marge.

421 — J. Fr. Sarrasin (220). Très-belle ép., marge.

422 — Seguier de Saint-Brisson (224). Très-belle
ép.

423 — L. F. de Suze, évêque de Viviers (227). Superbe ép., 1er état, marge.

424 — Denis Talon (228). Grandeur naturelle. Très-
belle ép., 1er état, marge.

425 — Le même, dernier état, sans marge.

426 — Claude Thevenin (231). 2ᵉ des 4 états. Très-belle ép.

427 — Henri, vicomte de Turenne (232). Superbe ép., marge. Cab. *Camberlyn.*

428 — Vincent Voiture (234). Très-belle ép.

429 — P. de Bonzi, cardinal (Appendice 1). Grandeur naturelle. Très-belle ép. 4ᵉ état décrit au catalogue *Camberlyn.*

430 — Louis Boucherat (Ap. 2). Grandeur naturelle. Très-belle ép., 1ᵉʳ état.

431 — Jean Le Camus (Ap. 4). Grandeur naturelle. Belle ép., marge.

432 — N. d'Henin de Cuvilliers.—Legrand Turenne dans sa jeunesse. — Marie de Gonzague. — Marquis de Maison, 3ᵉ état., 4 p.

433 **Odieuvre**. (Suite d'.), 12 portraits, in-8.

434 **Pass**. (Crispin de). Elisabeth d'Angleterre, 1592, in-4. Belle ép. rare.

435 **Petit**. François Iᵉʳ roi, de France, d'ap. *Titien*, in-4.

436 **Poilly**. François de Troy, peintre.

437 — Monsieur duc d'Orléans, frère du Roy, d'ap. *Nocret*. Petit in-fol.

438 **Pontius**. Nicolas Rockox. — Casperius, Gevartius, 2 p.

439 — Ferdinand d'Autriche, in-fol. à cheval, d'ap. *Rubens.*

440 **Potrelle** etc. Artistes, in-4, marge in-fol., 10 p.

441 **Regnesson**. M. Ulson de la Colombière, petit in-fol., d'ap. *Nanteuil*. Très-belle ép.

Tür 41   Michel 38

Apell 3   Michel 10
            Michel 25

            Apell 6   Michel 26

Girelu   Apell 5   Michel 16

Michel 12

Apell 9

Michel 13   Grinj 2

Barouy 25   Teis 6   Niltgen 8 50

Veydn 2 50

Xewn 10   Teis 6   Veydn 2.50 Gadala
Teis 13   ~~Barto~~

Dervay 10   Teis 6

Teis 6

Teis 6   Gadala

Bosquet 25   Barbier 30   Gadal   Ditelsp. 4

442 **Rigaud**. (D'ap.). Bossuet, in-8, par *Chereau*, in-4, par *Petit*, 2 p.

443 **Sadeler**. La Dame au nègre, dite Lucrèce Borgia. Très-belle ép.

444 — Don Balthasar Marradas. — Cucheinollibeag. Signal Chaeu Persan, etc., 4 portraits.

445 **Saint-Aubin**. J.-J. Rousseau, in-4. Avant la lettre et autres, 6 p.

446 **Savart** (P.). Bayle, in-8. Très-belle ép., marge.

447 — Boileau, in-8. Superbe ép. avec adresse. — Barrière du Fond-Taraby, marge, rare

448 — Nicolas de Catinat, in-8. Très-belle ép., marge.

449 — Colbert, d'ap. Champagne, in-8. Superbe ép., marge.

450 — Le grand Condé, in-8. Superbe ép., marge.

451 — Dalembert, in-8. Magnifique ép., très-rare, avant toute lettre. — La Tablette ombrée horizotalement, grande marge.

452 — Mᵉ Deshoulières, in-8. D'ap. *Cheron*. Superbe ép., marge.

453 — Fénelon, in-8. Adresse, barrière de Fontarabie. Superbe ép.

454 — La Bruyère, in-8. Très-belle ép., marge.

455 — Lafontaine, in-8. Magnifique ép., toute marge.

456 — Louis XIV, d'ap. *Rigaud*, in-8.

457 — Rabelais, d'ap. *Sarrabot*, in-8. Très-belle ép., marge.

458 — Richelieu, cardinal, in-8, d'ap. *Champagne*. Superbe ép., marge.

459 Schenck. Prinçes de Nassau, Docteur, Théologiens, etc., 20 p. in-4. — 2 lots.

460 Schuppen (Van). Michel Colbert, abbé des Prémontrés, in-fol., d'ap. *Lefevre*. Belle ép.

461 — Louis XIV, in-4, d'ap. *Mignard*.

462 Simonneau. Ant. Arnauld, in-4. Superbe ép., toute marge.

463 Sixdeniers. Molière, manière noire.

464 Sompel. Isabelle-Claire-Eugénie, d'ap. *Van Dyck*, in-fol. Très-belle ép.

465 Steen. Sainte Begge et Saint Pépin I, d'ap. *Rubens*, in-fol., grande marge.

466 Sudré. 20 portraits lithog. ovales, in-fol.

467 Suyderhoef. J. Polyander, in-fol. Belle ép.

468 Tanjé. Princes et Princesses d'Orange, 7 p. Belles ép.

469 Teickel. Jeanne d'Arragon, d'ap. *Raphaël*.

470 Valck. Eugène de Savoie, in-fol. Très-belle ép.

471 Valdor. Saint Bruno en prière. — Saint François-Xavier, 2 petits portraits. Très-belles ép.

472 Werf (D'ap. V. der). Portraits pour l'histoire d'Angleterre de Larrey, 61 p., petit in-fol.

473 Vérité. Marat. couronné de chêne, in-fol. Belle ép.

474 Wille. Belle-Isle, Benoist Stuart, Louis XV, Marigny, Saint-Florentin, 5 portraits.

Reis 6

Gewelet

Barbier 10

Kneodt 3

Hennet 4,

Spell 8

Apell 10

Veyden 3

Veyden 4.50

Mittjen 11.50
Veyden 2   Meley 5

Ji P. de Vries ?   netten 1
Vinter

Apell 3

Apell. 5

475 **Visscher** (Corneille). Les Evêques des Pays-Bas et autres personnes illustres, in-fol. en pied, 21 p. dont 2 titres. Superbes ép.

476 **Woollett.** Rubens, in-4, d'ap. *Van Dyck.* Superbe ép., glomisée.

PORTRAITS

CLASSÉS PAR NOM DE PERSONNAGES

477 **Albert** et Isabelle-Claire-Eugénie en pied en riches costumes, in-fol., marge.

478 **Fénelon.** Allégorie, la Science couronne son buste ; manière noire, in-4, sur velin, marge, petit in-fol., ép. tirée pour un Télémaque, in-fol.

479 — Et le duc de Bourgogne, 10 p.

480 **Gassner** (Jean-Joseph), prince évêque de Ratisbonne. Portraits et scènes de sa vie, 11 p.

481 **Louis XIV**, in-8, par *Landry, Larmessin*, 2 p.

482 **Marie-Antoinette** (Lettre de) surmontée de son portrait, Testament de Louis XVI, etc. 3 p.

483 Galerie de Portraits pour Paul et Virginie, *Tony-Johannot* et *Meissonnier*, 6 p. Superbes ép. in-8, avant la lettre, sur chine.

484 Amiraux hollandais : P. Pieterz, etc., 2 p.

485 Artistes, peintres, etc., 25 p.

486 **Portraits** d'Henri IV, Cromwell, Gustave-Adolphe et autres, 8 p. in-4.

487 — Portraits étrangers, divers formats, 40 p.

488 — Divers : Ecclésiastiques, Littérateurs, Femmes célèbres, etc., 65 p. 2 lots.

ÉCOLE DU XVIIIᵉ SIÈCLE

489 **Bertaux** (Duplessis). Petites Vignettes pour le poème de Voltaire, 22 p. sur chine. — Les cris des Marchands ambulants de Paris, 12 p. — Vie de l'Enfant prodigue, 11 p.; en tout 45 p.

490 **Bertaux**. (D'ap.). Le Charlatant français. Superbe ép. avant et avec la dédicace 2 p. toute marge.

491 **Bervic**. Le Repos, d'ap. *Lépicié*. Très-belle ép.

492 **Boissieu**. Le Fumeur, coupé en ovale, ép. sans la moustache, lavée à l'encre. Rare.

493 — Son Portrait, le Vieillard, croquis de têtes ; cahier de 14 p. — L'Ecrivain et les Tonneliers, copies, 18 p.

494 **Boucher**. (D'ap.). La Danse pastorale à la sanguine, par *Demarteau*.

495 **Coypel**. (D'ap.). Scènes de Don Quichotte, 3 p.

496 **Debucourt**. La Marchande de saucisses. — La Marchande d'eau-de-vie, 2p., d'ap. *C. Vernet*. Superbes ép. en couleur.

497 **De Longueil**. Le Cabaret flamand, d'ap. *Ostade*, in-fol.

498 **Earlom**. A Fruit Piece. Superbe ép., toute marge.

499 — Abraham recevant Agar. Superbe ép., avant la lettre.

500 **Echart**. Scènes villageoises. 2 p. en couleur.

501 **Eisen** le père. Le Plaisir malin, par *Halbou*. Garçon à la sarbacanne.

(prix) 3.25   Martin 6.

(prix) 5
(prix) 4.25   Clazener   Veen 10   Michel 4,

. Michel. 21

. Michel 6

. Michel 7.

Michel 33   Dieusy 30

             Michel 7
Curie 50   Grouy- 2

Dieusy 15   Laurer Gérin 25

             Michel 9

Henriot 6

Henriot 3 50
             Veyer 5 -

             Veyer 6 .
             Veyer 4

502 **Eisen** (d'ap. Charles). Le Matin. — Le Midy. —
L'Après Midy. — Le Soir. 4 p., par *De Longueil*.
Magnifiques ép., marge.

503 **Fragonard** (d'ap.). Serment d'amour, par
Audebert.

504 — Les hazards heureux de l'Escarpolette, grand
in-fol. ovale équarri par *Delaunay*. Superbe ép.,
grande marge.

505 **Gillot**. Le Sabat, la Naissance, l'Éducation, les
Passions de la Guerre, du Jeu, des Richesses,
les Obsèques. 7 p.

506 **Huet**. (d'ap.). La Troupe ambulante des rues
de Paris. Très-belle ép. en couleur par *Bonnet*.

507 **Huet** (d'ap. J.-B.). Études de têtes et d'animaux,
manière du crayon. 31 p. in-fol., vol. carton.

508 **Jeaurat**. Les Éléments et autres. 7 p.

509 **Klauber** (Cath.). Vie et Miracles des Domini-
cains fondateurs de l'ordre. 15 p. in-8.

— Saints de la Société de Jésus. 8 p.

— Salve Regina. 12 p.

— Les Sacrements et titre. 8 p.

— Symbôle des Apôtres. 13 p.

— Pater noster. 8 p.

— Saints et Saintes. 10 pièces.

— OEuvres de Miséricorde. 8 p.

— Vie de sainte Thérèse. 13 p.

— Le Magnificat et titre. 11 p.
En tout 106 p. Pourra être divisé.

510 **Levasseur**. Léonard de Vinci mourant dans
les bras de François Iᵉʳ, grand in-fol. d'ap. *Me-
nageot*. Sup. ép., toute marge.

511 Levilly. Porte de la Ferme, du Château, Départ et Retour du Marché, et autres. 6 p. d'ap. *Moreland* et autres.

512 Moreau (d'ap.). Illustrations pour la Henriade. 12 portraits et vignettes in-4, toutes marges. Très-belles ép.

513 — Vignettes pour la Henriade. 11 p. — et autres. En tout, 54 p.

514 Norblin. Son OEuvre à l'eau-forte, en 77 p. montées, dans un portefeuille.

515 Oudry (d'ap.). Petites Chasses en rond. 17 p.

516 Pater (d'ap.). Les Plaisirs de la Jeunesse, Colin-Maillard, Concert amoureux, Conversation intéressante, la Danse. 4 p., par *Fillœul*. Superbes ép. in-fol.

517 Saint-Aubin (d'ap.). Mes Gens, ou les Commissionnaires ultramontains. Cahier de 8 p.

518 — C'est ici les différents Jeux des Petits Polissons de Paris. 6 p.

519 Schenau (d'ap.). Le Marchand de Rogome. — Les Balanceuses. — Le Petit Marché. 3 p. Superbes ép.

520 — L'Origine de la Peinture ou les Portraits à la mode, par *Ouvrier*.

521 Schiavonetti. Adresse de Louis XVI à la Convention nationale. — Séparation de Louis XVI de sa famille. — Dernier adieu de Louis XVI à sa famille. — Louis XVI au pied de l'échafaud. 4 p. en bistre, grand in-fol., toute marge.

Groos 10.

Michel 21

Oliver 12   Michel 9

Michel 6

~~Huley~~ 20,   R. 12

Vien 12

Dieuny 20

Dieuny 20

Apell 10   Grooj. 3
Apell 10   Lind 10   Grooj. 8.25

Lind 1e 50

Apell 9

Lind 16 50   Grooj 275

522 **Sicardi** (d'ap.). Ah! quel Plaisir. — Oh! quelle Douleur. — Le petit Gourmand. 3 p. Scènes de Pierrot et Arlequin.

523 **Smith** (d'ap.). La Visite au grand-père, in-fol., manière noire, par *Dayes*. Superbe ép.

524 **Watteau** (d'ap.). La Finette. — Mezetin. 2 p., par *Audran*. Superbes ép., marge.

525 — L'Indiscret, par *Aubert*. Superbe ép., toute marge.

526 — Amusements champêtres, par *Audran*. Superbe ép., grande marge.

527 — L'Occupation selon l'âge, par *Dupuis*. Superbe ép., grande marge.

528 — Départ des Comédiens italiens, en 1697, par *Jacob*. Superbe ep., marge.

529 — Les Jaloux, le Rendez-vous et autres. 3 p. in-4, par *Marks*.

530 **Vernet** (d'ap. Joseph). Vues des Ports de France, par *Couché*. 10 feuilles contenant chacune 4 ports. 40 vues très-petites.

531 **Wille** (J. G.). La Tante de Gérard Dow. Ep. avant la lettre, grande marge.

532 — La Petite Écolière, Maîtresse d'École, Petit Physicien, Bons Amis, Sapeur des gardes suisses. 5 p. Belles ép.

533 — La Liseuse. — La Cuisinière hollandaise. 2 p. Belles ép.

534 — Les Soins maternels, avant la dédicace. — Les Délices maternels. 2 p. Belles ép.

535 — Musiciens ambulants. — Offres réciproques. 2 p. Belles ép.

536 — Le Concert de famille, d'ap. Schalken. Superbe ép., toute marge.

537 — Le même. Très-belle ép., marge.

538 — Le Maréchal-des-Logis, avant la dédicace et avec la lettre. 2 p.

539 — Petite Écolière, Philosophe, Tante, Bonne femme de Normandie et sa sœur, Repos de la Vierge, Observateur distrait, Joueur d'instruments, Musiciens ambulants, Offres réciproques, etc. 14 p.

540 **Wille** fils (d'ap.). Dédicace d'un poëme épique. — L'Essai du Corset. 2 p. in-fol., par *Dennel*. Très-belles ép., grandes marges.

541 — L'Écrivain public, par *Guttemberg*, in-fol., Belle ép.

542 **Woollett**. The rural cott, effet d'hiver. Superbe ép.

543 Galerie de l'Hôtel Lambert à Paris, d'après les peintures de *Le Brun* et *Lesueur*. 25 p. in-fol., y compris les titres.

544 **Caricatures** anglaises. 12 p. coloriées très-comiques, amusantes.

545 — Chacun son tour, Femme à vendre, Marrons rôtis, l'Homme sensible, le Remède pis que le Mal, Il faut des Époux assortis, etc. 16 p. très-comiques et amusantes.

546 — Président d'un Comité révolutionnaire s'amusant de son art en attendant la levée d'un scellé. — Après la levée d'un scellé. 2 p. coloriées très-curieuses et rares.

Michel 18

Groy 5   Bino 16

Groy 2 25   Duchamp 10.25   Michel 21

Oliv. 30

Martineau 12

Groy 7.50   R 30 Martineau 16

Groy 2.75   R 15

Michel   6   Martineau   5   Georg.   6

Henriot   2

Martineau   6

Matin   6   Georg.   5.75

547 Caricatures politiques, an VI : l'Indépendant,
l'Exclusif, l'Acheté, l'Enrichi, le Systématique.
5 costumes d'hommes, coloriés avec texte. Petite
brochure rare.

548 — Les amours de Paris, par *Ch. Philippon* et
Scheffer. 12 p. lithog., coloriées.

549 Monument symbolique des Jésuites. — Tableau
de l'Église de Billom. 2 p. grand in-fol.

550 Vues de Paris : Montagnes Beaujon. — Fontaine
de l'Éléphant à la Bastille. 2 p. in-fol.

551 École XVIIIe siècle, etc. 25 p. de Bartolozzi.
Leprince, Beauvarlet, etc.

ESTAMPES MODERNES

552 **Album**. Vignettes, Cartes de visites et Adresses
illustrées, Brevets de Sociétés, Menu de Ban-
quets, Programme de bal, Vues de Villes im-
primés en or, en argent et en toute couleur, sur
papier-porcelaine. 392 p. Collection curieuse.

553 Atlas des batailles pour l'Histoire des campagnes
des Français, de 1643 à 1815, in-fol. 45 p.
gravées.

554 **L'Artiste**. Choix de pièces gravées et lithog.
27 p.

555 Artistes anciens et modernes, le Singe peintre,
de Decamps. 17 p. gravées et lithog., par Leroux,
Mouilleron, Nantéuil, etc.

556 **Adam** (Victor). Fêtes des environs de Paris.
12 p. lithog., sur chine, cahier.

557 — Album de sainte Pélagie (Dette). 12 scènes intérieures lithog., cahier.

558 Baumann (Ch.). Les Camellia de Bollwiller. 24 p. lithog. coloriées et texte.

559 Bertaux, amateur. Champ de blé, d'après Ruysdael, Paysages à l'eau-forte. 13 p. très-belles ép.

560 Boilly. Les Jeux de Cartes, Dames, Dominos, Échecs; les Déménagements. 5 p. lithog.

561 Delacroix (Eugène). Lion de l'Atlas, lithog. originale. Très-belle ép. toute marge.

562 Deveria (d'ap.). Vignettes pour Corneille, avec les 2 portraits. 17 p.

563 Doellinger. Études d'animaux à l'eau-forte. 6 p. très-fines, à l'eau-forte, et très-belles ép.

564 D'Orschwiller. Six dessins lithog. à la manière noire, sur chine, 2 cahiers. 12 p.

565 Eaux-fortes modernes. Chifflart, Hamman. 2. p.

566 Forster. Album de l'ancienne Pologne, 12 lithog. dont, par *Charlet* : *Des anges prédisent à l'agriculteur Piast son élévation au trône* (Lacombe 455) 1er titre, très-rare, non décrit.

567 G., chasseur. Collection de Chiens de chasse, d'ap. nature. 20 p. lithog.

568 Gaillot inv. et del. Les Métiers, portraits formés avec les ustensiles de chaque profession. 25 p. lithog., curieuses.

569 Grevedon. Les Saisons. 4 jolies femmes, in-fol., lithog.

Simon 2.

Martin 5

Hedan 4

Wirmu 10   Martin 6   Grosj 20

Grosj 4.25
Grosj 2.25

Hedon 3 50   Grosj. 2.50

Veydn 12

570 — (d'ap.). Paris au XIXe siècle. 12 jolies femmes, par *Léon Noël*, sur chine.

571 **Haudebourt-Lescot** (d'ap. Mme). La Danse du Saltarelle. — Le Rôti par terre. 2 p. grand in-fol., manière noire.

572 **Helmlehner**, 1821. Vierge d'ap. *Francia* et autres. 3 p. lithog., avec ton.

573 **Jacques** (Charles). Les Chanteurs, grande et belle eau-forte. In-fol.

574 — 30 très-petites et petites eaux-fortes, plusieurs très-rares.

575 — Paysages et Sujets à l'eau-forte. 40 p.

576 — Paysages, scènes de fermes; belles eaux-fortes, la plupart numérotées. 13 p. Très-belles ép.

577 **Lithographies**. Par Deveria, Herbé et autres Costumes et Sujets divers. 23 p. Têtes de femmes, etc.

578 — Vues de Châteaux et Sujets d'ap. Wilkie. 7 p. in-fol.

579 — Amérique septentrionale. 53 vues lithog. in-fol., par les meilleurs artistes, sur chine.

580 — Bellangé, Charlet, etc. 9 p. lithog.

581 **Marvy**. Paysages d'ap. Diaz et autres. 34 p. à l'eau-forte. Très-belles ép.

582 **Midole** (Jean). Son OEuvre d'Écritures anciennes et modernes, gravées sur pierre. 13 livraisons, 120 planches.

583 **Pauquet**. Vignettes pour Le Tasse. 4 p. in-4, grand papier.

584 — Le même. 4 p. chine, grand papier.

585 **Raffet**. Vie politique et militaire de Napoléon. 20 lithog. in-fol. Rares. Condition parfaite.

586 **Raphaël** (d'ap.). La Transfiguration. par le procédé Collas, d'ap. le bas-relief de M. Henning, grand-in-fol.

587 **Reynolds**. Dame anglaise avec la lettre et son pendant avant la lettre. 2 p. très-belles.

588 **Sixdeniers**. Éducation morale, d'ap. Holfeld, grand in-fol. manière noire.

589 **Thenot**. Recueil de Paysages, 8 p., sur chine, par Tirpenne. 12 p., en tout 20 p. lithog.

590 **Thurwanger**. Intérieur de N. D. de la Treille et Saint-Pierre, à Lille, Chapelle de la Vierge, grand in-fol., avec ton.

591 **Vanspandonck** (d'ap.). Roses et autres Fleurs coloriées. 15 p. Papillons coloriés 4, en tout 19 p.

592 **Villemain**. Les Sacrements, lithog. 7 p. in-fol.

593 Ancienne bannière de Strasbourg, d'après un tableau du XIIIe ou XIVe siècle, à la bibliothèque de la ville, reproduit par les procédés Silberman; Vierge et Jésus, en couleur, sur fond d'or et d'argent. Magnifique ép. grand in-fol.

594 Galerie des illustres Germains, depuis Arminius. 5 liv. de 6 pl. 31 p. et texte in-fol. Paris, Renouard, 1806.

595 Sacre de S. M. Charles X, à Reims, 1825. 12 pl. lithog. et texte in-fol., beau vol., demi-rel. Paris, Sazerac et Duval.

Gros 9.50

Garcin 4.

Garcin 25

Groß 4,25

Garcin 5   Groß, 4

Spell 3   Garcin 3

Garcin 3

596 Entwürfe und studien, études d'après les maîtres
    du xvᵉ siècle; Berlin, 1830. Petites lithogra-
    phies très-fines. 18 p. et texte in-8, charmant
    petit album oblong, dentelle.

597 Costumes français, de 1200 à 1725, in-8, 8 à la
    feuille. d'après H. Lecomte. 13 feuilles ou
    52 costumes lithog.

598 Vignettes pour l'histoire universelle des Reli-
    gions. 32 p. in-8 pour les 8 vol.

599 Illustration pour Ossian, d'après les dessins d'un
    artiste espagnol. 38 p. au trait, cahier.

600 **Ecole moderne**. Le Christ, sainte Geneviève,
    la Souris échappée, Pygmalion, 4. p.

601 Estampes chinoises. 4 paysages coloriés, avec
    texte chinois. Fleurs et Oiseaux du Japon,
    combat et autres figures, vases. 9. p.

602 — Entrée solemnelle des Ambassadeurs à Jedo.
    6 estampes japonaises.

DESSINS ANCIENS

603 **Anonyme** xvᵉ siècle. Feuillet in-fol. d'un
    manuscrit de plain-chant, avec lettre et orne-
    ments rehaussés d'or, sur vélin.

604 **Anonyme**. Calendrier perpétuel, aquarelle
    grand in-fol., 1789, avec fig. et paysages. —
    Autre, 1844. Lithog. et imprimé en or. 2 p.

605 — Vierge rayonnante, à la plume, dans un en-
    tourage, sur vélin.

606 — Paysage, gouache. — Marine, aquarelle, 2 p.

607 — Bouquet de Fleurs dans un pot de terre, composition genre de Baptiste, aquarelle.

608 — Les 12 Apôtres, à la plume, genre de Desrais.

609 — Bustes d'hommes : Jean qui rit et pendant. 2 aquarelles trompe-l'œil.

610 — Madame de Grignan, charmant dessin à la sépia, in-8, marge, in-4. Très-terminé.

611 — Les Aventures du fameux chevalier Don Quixot de la Manche et Sancho Pança, son écuyer, le titre dessiné à la plume, dans le goût de Lagniet, les autres à la plume, lavé de bistre, avec les mots et noms en français à côté de chaque figure. 23 dessins in-4. Très-curieux, collés sur carton.

612 — Saint Benoît en extase. Le Soleil resplendit dans une gloire d'ange ; beau dessin à l'encre rehaussé de blanc, cadre palissandre.

613 BABEL. Scène d'un ballet, six figures, charmante aquarelle.

614 BERGHEM. Croquis de bergerie.

615 BERICOURT (Et.). Le Charlatan. — L'Équilibriste. 2 Scènes de fêtes de villages, aquarelles.

616 BLOEMAERT. Sujets d'animaux, plume et bistre. 3 p.

617 BOSCH (Jérôme). Le Seigneur et la Lavandière. — Il renvoye la Lavandière. 2 dessins au bistre, en rond.

618 BOUCHER. Jupiter et Sémelé, groupe, croquis crayon noir et blanc.

619 BUCETTA. Le pont Rialto, à Venise; aquarelle.

Garnier 41   Michel 5

Martin 20

Garnier 41

Georg 3.

Apell 10

Masson 5

Garcin 4

L. Albin 60   Garcin 6   David
Donn

620 CALLOT (d'ap.). Gueux. 2 p. à la plume.

621 CARPI (Geronimo da). Le Bacchus indien, d'ap. un bas-relief antique; cab. de Charles Ier.

622 CARRACHE. Jupiter et Antiope, à la plume; cabinet Robert-Duménil et Camberlyn.

623 — Figure à la plume; des cab. Reynolds et autres.

624 CAUWER (Hip. de). La Guitare, d'ap. Teniers; crayon noir.

625 CHALLE. Mme de Gillem, musicienne; superbe aquarelle ovale, in-4.

626 — Grande décoration d'architecture, à l'encre de Chine.

627 **Dessins chinois.** Femmes et diverses occupations, costumes d'hommes, etc. 10 p.

628 CLAUDE LORRAIN (attribué à). Le Temple de la Sybille à Tivoli, au bistre.

629 CONCA (Seb.). Jésus présenté au grand Prêtre. à la pierre bleue.

630 CORR (E.). Enfants surpris par la marée montante; mine de plomb.

631 CORTONNE. Une Noyade, au bistre, du cabinet du comte de Caylus.

632 DAVID (Louis). Portrait de Vialla, petit tambour célèbre par son courage; crayon noir, grandeur naturelle, encadré.

633 DIEPENBECK. Adoration des Bergers, Arrestation de Jésus, le Christ mort, Couronnement de la Vierge et autres. 6 p.

634 DOMINIQUIN. Le Christ couronné d'épines; au bistre.

635 DUJARDIN. Paysage rond, au crayon.

636 DYCK (Van). Tête d'Homme; crayon noir et rouge.

637 DYCK (Van). Vierge au crayon; cabinet Camberlyn.

638 — Anne, comtesse de Bedford; crayon noir.

639 FETI (Dom.). Couronnement d'épines; bistre.

640 FOREST, 1827. Maltôtiers prêts à pendre un jeune Homme; aquarelle.

641 FRAGONARD. Paysage; sanguine.

642 -- Pastorale; aquarelle ovale.

643 — Nègre apportant des fleurs à une châtelaine; aquarelle.

644 FRANCESCHINI. Les Pères de l'Église; à la plume et bistre.

645 GHESQUIERE. Vieux Mendiant; beau dessin plume et sépia.

646 GHEYN (J. D.). 3 dessins à la plume.

647 GILLOT. Partie de Musique. 6 figures à la mine de plomb.

648 HUET (J.-B.). Dessins originaux d'animaux : l'Éléphant, la Girafe, Singes, Chiens, Bestiaux, la Baleine et autres; la plupart 2 animaux à chaque feuille, très-terminés au crayon noir. 48 cartons in-4 dans un portefeuille.

649 **Dessins indiens.** Femmes almées en diverses attitudes, avec texte indou au revers. 6 p. très-curieux dessins en couleur rehaussés d'or.

650 J. V. M. F. Couronne formée de fleurs, la plupart étrangères, avec deux papillons. Aquarelle, sur velin.

Lapierre   18   April 10
                              si vrai

                     April 10
                              si vrai

                     Apell 10
                              si vrai

grosj   3.25

grosj   3.25   Michel 11

Laquale 40

Garcin 2
Garcin 2

Garcin 7

Garcin 2   corrige

651 KEGHEL (F. de), 1835. Camélias, Glayeuls, Pivoines et autres fleurs d'une grande beauté. 30 aquarelles.

652 LAFAGE. La Cène, à la plume.

653 LE MOINE. Fragment du Déluge à la plume.

654 LOMBART (Lambert). L'Enfant prodigue, Séance royale, 2 p. en rond.

655 LONGHI. Massacre de Chrétiens. Grand et beau dessin à la plume.

656 MAGANZA. 3 dessins au bistre.

657 MARATTE. Cisara, angle de plafond. Beau dessin au bistre. Cab. du comte de *Caylus*.

658 MASSAROTI. Figure de l'Apocalypse. rehaussée de blanc.

659 METZU. Jeune Femme assise, au crayon rouge.

660 MIDOLLE 1829. Tableau du Moyen Age, avec figures en trait de plume.

661 MIERIS (F.). Sainte Famille, aquarelle sur velin.

662 MOREAU le Jeune. Jeune homme que l'on va couronner près du temple d'Apollon, au bistre.

663 NEUMANS 1839. Fumeur, Rieur, 2 têtes à l'encre de Chine.

664 NORBLIN, 1814. Six Enfants jouant à la Procession, charmant dessin à l'encre de chine encadré.

665 OVERLAET. La Danse. — Le Jeu de Quilles. 2 charmants dessins à la plume, d'ap. Téniers, encadrés.

666 — Vieillard et son chien. — Vieille et son chat 1757. 2 charmants dessins à la plume.

4

667 — Christ, d'ap. Durer. — Passage du gué,
d'ap. Berghem, 2 p. à la plume.

668 E. V. P. Intérieur d'une étable. Belle et vigou-
reuse aquarelle.

669 PALIANTI. Les Moulins, légère aquarelle d'un
bel effet.

670 DESSIN PERSAN. Femme du sérail, gouache
sur ivoire

671 PIGAL. La Laitière. — La petite Cabaretière.
2 charmantes aquarelles, cartes de visites dentelles.

672 PRUDHON. Etude terminée pour un Christ descendu de la croix, beau dessin, crayons noir et
blanc.

673 — Académie de femme assise, crayon noir,
rehaussé de blanc sur papier bleu.

674 — Minerve enseignant en vain la sagesse à
l'Amour, crayons noir et blanc sur papier bleu,
cadre en cuivre. (Attribué).

675 REYNOLDS. Jeune femme, au bistre.

676 ROOS (J. H.). Etudes de Bestiaux à la sanguine,
3 p.

677 SADELER. Sainte Famille au rosaire, à l'encre
de Chine.

678 SCHOUWMANN. Fuite en Egypte. — Jésus et
la Samaritaine, 2 aquarelles.

679 SILVESTRE (Israël). Un duel au Prés-aux-Clercs,
à la sanguine.

680 SWANEVELT. Fabriques italiennes, au bistre.

681 VERBOECKHOVEN (Eug.). Etudes d'animaux,
crayon et bistre, 8 p.

Garun 2

prosj 3. 25   Kinny 30

sigour 10

Gwsj 4 75   Garun 5   Kinny 30

Apell 20

Martin 10. 50

Spell 5

Denarg

Martin 10. 50

682 I. IAC WIERIX, 1744. Etat 51, Matthieu Merian. Superbe dessin à la plume imitant la gravure encadré.

683 VORSTERMANN. Portrait de Simon de Vos, à la sanguine.

684 WOUVERMANS. Sujets de chevaux. 3 p. au crayon.

685 **École Allemande**, Durer, Lantensack et autres. 3 dessins.

686 **École Italienne**, Padouan, et autres. 3 p.

687 **École Hollandaise**, Luyken, etc. 3 p.

688 Les Portefeuilles de la collection dont 2 sont à soufflets parfaitement fermés.

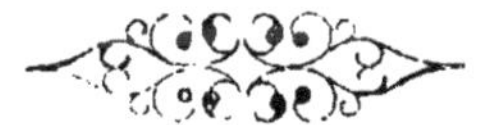

Renou et Maulde, imprimeurs de la Compagnie des Commissaires-Priseurs rue de Rivoli, 144.   18413

Moniteur 31 8bre   1 2   50   80
————— 14 9bre   3 2
————— 21 9bre   1 0
                                             5 4

11 montage a 20   2 20
23 X a 30   6 90
26 grand a 40   10 40
2 tres grand a 50   1
                                             2 0   50
2. Voitures transport al hotel   5
   Chemins 12 Mars   1 5
   Honoraires   3 3 0   5D

Port et Montage des 3 caisses   1 3 - 50
                                        ─────────────
                                        4 8 9 - 3 D

www.ingramcontent.com/pod-product-compliance
Ingram Content Group UK Ltd.
Pitfield, Milton Keynes, MK11 3LW, UK
UKHW031844170726
13836UKWH00004B/1873